Made in the USA
Monee, IL
18 March 2022

93128190R00063